AF258377

PUBLICATIONS DE LA RENOMMÉE.

BIOGRAPHIE GÉNÉRALE DES DÉPUTÉS.

NOTICE

SUR LA VIE ET SUR LES TRAVAUX

DE

M. LE BARON DE LADOUCETTE,

DÉPUTÉ DE LA MOSELLE.

PARIS.

Aux Bureaux de LA RENOMMÉE,

Biographie générale, Revue Littéraire,

RUE NOTRE-DAME-DES-VICTOIRES, 14,

Et à tous les Dépôts de Publications.

1842

Paris. — Imp. de C. BAJAT, r. Montmartre, 131.

M. LE BARON DE LADOUCETTE.

Ladoucette (le baron Jean-Charles-François),
ancien préfet, officier de la Légion-d'Honneur,
député de la Moselle, est originaire de Metz, et né
à Nancy, le 4 octobre 1772. Son aïeul était chirur-
gien-major des ville et citadelle de Metz, et son
père, avocat au parlement de Paris.

M. Ladoucette fit ses études, avec beaucoup d'éclat,
au collége de Nancy. Il étudiait le droit dans cette
ville, lors de la déplorable collision dont elle fut
le théâtre. Pendant toute cette malheureuse affaire,
on le vit, au milieu du feu, dans les rangs et sous

l'uniforme de la garde nationale de Metz, et le lendemain il prononça l'oraison funèbre de M. de Vigneulle, lieutenant-colonel de ces braves volontaires, qui avait été tué dans cette sanglante échauffourée.

Ses cours terminés, incertain encore sur la route qu'il devait suivre, il s'enferma pendant quelque temps dans une studieuse retraite, livré tout entier à la culture des lettres, et composant des fables, des romans, des comédies, en attendant que des circonstances plus heureuses lui permissent de se produire dans quelque carrière publique.

Il se trouvait en Suisse en 1795, lorsque des gardes nationaux de Belfort, qui bordaient la frontière, vinrent le prier d'intercéder près de M. Barthélemy, ambassadeur, pour qu'il leur fît rendre des montres que des grenadiers du canton de Soleure, qui occupaient la ligne frontière, leur avaient achetées contre de faux assignats. M. Barthélemy, dont le caractère politique avait été insulté dans ce canton, et qui avait depuis lors cessé toutes relations avec lui, refusa d'intervenir dans cette affaire, et défendit même à ses secrétaires de s'en occuper. Sur ce refus et cette défense, qui semblaient devoir mettre à néant la réclamation des Belfortiens, M. Ladoucette, dans le vif sentiment de la justice, se décida à agir par lui-même. Consultant moins ses forces que son cœur, avec une résolution et une confiance toutes juvéniles, il écrivit au sénat de Soleure que, suivant le droit des nations civilisées, les fabricateurs et distributeurs de fausse-monnaie étaient assimilés aux empoisonneurs et aux incendiaires ; que d'ailleurs la Suisse était intéressée à ne point soutenir les coupables, rien n'étant plus facile que de contrefaire sa mauvaise monnaie ; qu'à ces titres il priait *les magnifiques seigneurs* de vouloir bien ordonner que les montres fussent restituées aux réclamants, et les faux assignats biffés par le vérificateur de la république française à Bâle. Cette lettre eut un plein succès, et ce succès a cela de remarquable, qu'en défé rant entièrement au vœu exprimé par le jeune négociateur, le sénat reconnut implicitement un gouvernement qui jusqu'alors avait été l'objet de sa haine.

M. Ladoucette fut ensuite employé dans plusieurs missions diplomatiques par M. Barthélemy. Ce fut pendant l'une de ces missions que se trouvant à Coire, dans le pays des Grisons, avec M. Laquiante, premier secrétaire d'ambassade, il alla visiter, dans une île du Rhin, le grand pensionnat de Reichenau, que dirigeait le capitaine Jost. Au nombre des professeurs de cet établissement, se trouvait un émigré français, qui, sous le nom de Corbie, y enseignait la géographie et les mathématiques. Par un concours inouï de circonstances, l'illustre exilé de son pays en est devenu le roi. Le capitaine Jost remit à M. Ladoucette la correspondance originale des patriciens suisses qui avaient provoqué, en 1793, l'arrestation, par les autrichiens, du duc de Bassano et du marquis de Sémonville, et le pria d'accepter, en témoignage de son estime, un mémoire *manuscrit* de sa composition, sur l'histoire et les intérêts politiques des Grisons. M. Ladoucette a depuis fait hommage de ce mémoire à Louis-Philippe, qui, en échange, lui a envoyé une gravure où il est représenté donnant des leçons à ses élèves à Reichenau, auprès du capitaine Jost, dont S. M. conserve le plus touchant et le plus affectueux souvenir.

Cependant la tourmente révolutionnaire avait cessé : victorieuse au dehors, tranquille au dedans, la France, sous la main puissante et réparatrice du jeune conquérant de l'Italie et de l'Egypte, devenu premier consul, commençait à se remettre de ses longues agitations. Bien des plaies saignaient encore, car l'ébranlement avait été profond, la secousse terrible ; mais le temps et une sage administration devaient les cicatriser, et l'espérance était dans tous les cœurs. M. Ladoucette habitait alors Paris. Entre toutes les carrières dont ses précédents, ses talents, sa fortune, pouvaient lui ouvrir

l'entrée, il avait fait son choix. C'était vers la car—
rière administrative qu'il avait décidément tourné
ses vues. Une place se trouva vacante dans le conseil général du département de la Seine; M. Fro-
chot, alors préfet à Paris, le présenta pour la rem-
plir, mais M. de Lafayette y fut nommé. Le refus
que fit le général. d'accepter cette place fut suivi
d'une nouvelle présentation de M. Ladoucette, présentation appuyée individuellement cette fois par
chacun des membres du conseil. Le premier consul prit des informations : elles furent si favorables
au candidat proposé, qu'impatient d'utiliser son
zèle, sa capacité et son dévouement bien reconnus,
il l'appela à la préfecture des Hautes-Alpes, le
même jour (25 germinal an x) qu'il revêtait de
fonctions semblables Mounier père et Alexandre
Lamoth, hommes considérables, qui avaient été
deux des lumières les plus vives et les plus pures de
la Constituante.

La mission qui venait d'être confiée à M. Ladoucette était des plus difficiles. Des récoltes gelées sur
pied, des chemins défoncés, des magasins vides,
point ou très peu d'argent pour acheter des grains,
voilà quels étaient, à son arrivée dans sa préfecture, l'aspect et la situation du département dont
l'administration allait désormais reposer sur lui.
Il fallait pourvoir au plus pressé. Le Piémont, d'où

il aurait pu tirer des grains, n'était pas loin, mais entre le Piémont et lui se dressait le mont Genèvre, et sur ce mont point de route praticable. Il conçut l'idée d'en percer une, et il se mit aussitôt à l'œuvre avec les habitants et les soldats de deux régiments. Accusé par le directeur général des ponts et chaussées, qui, dans son opposition opiniâtre, avait été jusqu'à essayer sur lui l'effet d'une menace de destitution, le jeune préfet n'eut point de peine à justifier sa conduite, et dans la lettre qu'il écrivit à ce sujet au chef de l'État, il le pria ou de lui laisser l'honneur d'avoir payé de ses deniers le premier tracé de la route, ou d'allouer 150,000 fr. pour en achever le percement, et d'accorder ensuite ce qui serait nécessaire pour l'entière confection d'un passage que les Romains regardaient comme le plus facile pour se rendre dans les Gaules. Aucune réponse ne lui fut faite, mais courrier pour courrier, 25,000 francs lui arrivèrent, puis successivement quinze ordonnances de 10,000 francs chacune, avec l'ordre de faire dresser le projet de la route d'Espagne en Italie, dont il avait démontré les avantages.

Dans sa reconnaissance, le département des Hautes-Alpes vota d'enthousiasme un obélisque commémoratif au premier consul, qui venait de poser sur sa tête la couronne impériale. Cet obé-

lisque, haut de **20** mètres et élevé sur un large pla
teau, à **2,000** mètres au-dessus du niveau de la mer,
fut inauguré le **22** fructidor an xi. A cette occasion
le préfet donna, sur le mont Genèvre, une fête bril-
lante, et une médaille fut frappée pour éterniser le
souvenir de cet événement.

Il serait trop long d'énumérer tous les titres de
M. Ladoucette à la reconnaissance d'une contrée
qui, avant lui, était demeurée presque étrangère
aux bienfaits de la civilisation. Nous nous borne-
rons à rappeler que ce fut à son dévouement de
toutes les heures aux intérêts de ses administrés, à
son zèle infatigable, toujours animé de l'amour du
bien, que le département des Hautes-Alpes dut de
posséder successivement : un bureau central de
charité dans chaque chef-lieu de justice de paix, un
bureau auxiliaire dans chaque commune pour l'administration des biens appartenant aux pauvres;
cinquante greniers d'abondance ; des maisons hos-
pitalières, spécialement sur le mont Genèvre, un
cours d'accouchement destiné à mettre un terme
aux accidents causés par l'ignorance des sages-fem-
mes; une société académique; un journal d'agriculture dont la rédaction, confiée à des mains ha-
biles, a porté d'heureux fruits; un musée central ;
de nombreuses écoles ; si nous ajoutons que par ses
soins toutes les voies de communications existantes

furent constamment améliorées ; que des routes nouvelles, ces liens de la grande famille, furent ouvertes ; des ponts construits ; des rivières curées ; des torrents détournés de leur cours ; des canaux creusés ; des marais desséchés ; des pépinières plantées ; l'agriculture, l'industrie, le commerce protégés, encouragés, excités par tous les moyens louables ; qu'enfin il fonda à Embrun la première maison centrale de détention qu'on ait eue en France, et y éleva une fabrique, qui existe encore, nous aurons à peine dit combien son administration fut sage, active, éclairée, bienfaisante.

Le 54 mars 4809, M. Ladoucette, qui, pendant sept ans, avait pour le bien-être des Hautes-Alpes, sacrifié toutes les offres d'avancement que l'Empereur lui avait faites, fut appelé à la préfecture de la Roër, et partit aussitôt pour Aix-la-Chapelle. Dès son arrivé dans cette ville, dit Charles de Pougens, dans une lettre que ce vénérable académicien adressa aux électeurs des troisième et cinquième arrondissements de Paris, il envoya toute la force publique à Flessingue pour s'opposer aux Anglais ; et malgré les tentatives du prince Charles, il parvint par sa seule énergie à maintenir l'ordre sans cesse menacé. 500,000 francs obtenus par lui pour les inondés du Rhin, portèrent un premier coup à la mendicité qui désolait le pays, et la

création d'un dépôt, qui fut cité comme un modèle
en France et en Allemagne, la fit bientôt disparaî-
tre entièrement. Il existait dans la Roër quatre-
mille manufactures diverses. Dans l'industrie était
donc presque toute la richesse de la contrée. Pro-
téger cette industrie, en favoriser le développement,
procurer aux habitants le plus libre exercice de
leur commerce, était le moyen le plus sûr de les
attacher à leur nouvelle patrie, par les liens d'une
affection durable, et par conséquent l'un des pre-
miers devoirs du nouveau préfet. Se borner à dire
qu'il s'acquitta de ce devoir, serait rester au-dessous
de la vérité. Nous n'en voulons d'autre preuve que
le titre de père qui lui fut donné par ceux dont il
prit si chaudement la cause en main. Non content
de veiller à tous les besoins, de réprimer des actes
arbitraires dont ils avaient à souffrir, de faire révo-
quer des mesures qui, pour être légales, n'en
étaient pas moins préjudiciables à leurs intérêts, il
les défendit avec fermeté dans sa correspondance
avec notre ambassadeur en Russie, où ils étaient op-
primés. Il fit un appel aux industriels de la rive
droite du Rhin, et ceux-ci, en très grand nombre,
passèrent le fleuve. Il encouragea les associations
formées dans le but si méritoire de secourir les
ouvriers vieillards ou infirmes ; prescrivit des mesures de salubrité, et particulièrement des ventila-

teurs dans toutes les fabriques où un grand nombre d'êtres vivants se trouvaient agglomérés, et veilla avec une sollicitude toute paternelle à ce qu'on n'abusât pas, par un travail excessif, de la force et de l'âge des enfants employés dans ces fabriques. Une bergerie espagnole qu'il avait attirée dans la Roër, y prospérait. D'immenses travaux furent entrepris par lui, dont l'industrie et le commerce retirèrent de très grands avantages. De ces travaux, les uns furent menés à fin, comme plusieurs digues sur le Rhin, la gare de Cologne, la route de Paris à Hambourg; d'autres, par la force seule des événements, demeurèrent inachevés. Nous citerons la route d'Aix-la-Chapelle à Metz, presque finie dans le département, un hôtel de la préfecture, et un palais ou Napoléon et Marie-Louise devaient, chaque année, venir prendre les eaux. Il se proposait de doter ce pays, pour la prospérité duquel il avait déjà tant fait, d'une école vétérinaire, de cours d'architecture, de chimie et de mécanique appliqués aux arts, de maraicherie, etc., etc. ; mais le contre-coup qu'il reçut du grand désastre de Leipsick, en lui créant des devoirs plus impérieux et plus pressants, l'empêcha de mettre ce projet à exécution.

Dans les années 1815 et 1815, si malheureuses pour la France, la position de M. Ladoucette devint des plus critiques. Il fallut qu'il s'occupât d'arrêter les progrès de l'ennemi, et de déjouer les tentatives perfides de Justus Grauer, que, depuis, on à vu, à Paris, commissaire en chef de la police des Alliés. Toute sa vigilance, toute son activité, toute son énergie lui furent nécessaires dans ces difficiles conjonctures. Czernichef, désespérant de l'intimider ou de le corrompre, annonça l'intention de s'emparer de sa personne et de l'envoyer en Sibérie. Cette menace n'eut heureusement d'autre résultat que de prouver à l'habile et courageux préfet combien la jeunesse d'Aix-la-Chapelle lui était affectionnée, car elle organisa aussitôt, spontanément, des patrouilles de nuit pour sa sûreté. Les 900,000 français de la Roër nous restèrent fidèles, et toutes les places fortes furent armées et approvisionnées. Lorsqu'enfin nos troupes, écrasées par le nombre, se virent contraintes d'évacuer Aix-la-Chapelle, M. Ladoucette ne sortit de cette ville qu'après avoir fait partir tous les malades et les blessés, et au moment même où les cosaques y pénétraient. On peut dire que son départ fut un triomphe. Sans s'inquiéter de la vengeance de l'ennemi, les habitants de tout âge et de toute condition l'escortèrent jusqu'à la route de Liége, et là, il trouva 20,000 ouvriers qui adressaient au ciel les vœux les plus ardents pour son retour.

Si l'épreuve de ces cinq dernières années , en mettant tout-à-fait en lumière la haute capacité de M. Ladoucette, acheva de le placer au premier rang des administrateurs de l'époque , dans l'estime de l'Empereur et la confiance du ministre de l'intérieur, M. le comte de Montalivet, père, qui, dans un grand dîner où se trouvaient tous les préfets présents à Paris, leur donna l'ex-préfet de la Roër pour exemple ; ces cinq années, si profitables à sa réputation, ne le furent aucunement à sa fortune. Ses revenus personnels, il les avait consacrés, en majeure partie , aux besoins de ses administrés ; les fonds accordés par la police sur le produit des jeux publics, il avait refusé de les recevoir; et jamais il n'avait eu part à ces gratifications que d'autres préfets moins scrupuleux sollicitaient chaque jour, avec si peu de retenue, de la munificence impériale. De plus, les Prussiens , irrités de la résistance désespérée qu'il leur avait opposée en 1815 et 1814, avaient saisi ses effets et ses meubles, et ils ne voulurent point les lui rendre à la fin des hostilités.

A sa rentrée à Paris , en mars 1815, Napoléon , qui avait reçu l'accueil le plus empressé des habitants des Hautes-Alpes, accourus sur ses pas, se promettait *de couvrir ce pays de bienfaits* , et voulait charger M. Ladoucette d'en être le *dispensateur ;*

mais il craignit que les places fortes de l'Est ne fussent livrées, et malgré les pressantes prières de cette brave et reconnaissante population, qui lui redemandait son ancien préfet, il l'envoya à Metz.

M. Ladoucette peut à juste titre se glorifier d'avoir essentiellement contribué à la conservation de cette belle frontière. Une grande partie des 15,000 hommes du corps d'armée de la Moselle, avec lesquels, plus tard, le maréchal Gérard voulut marcher sur Waterloo; et des 10,000 gardes nationaux qui s'enfermèrent dans les villes fortes, furent levés par ses soins avec une activité digne des plus grands éloges. Après avoir assuré l'habillement des soldats, l'armement, l'approvisionnement des places, et obtenu du département qu'il fournirait et entretiendrait 400 lanciers volontaires, travailleur infatigable, il s'occupa, dans la pensée d'un avenir plus tranquille, des moyens d'assurer la navigation de la Moselle, de rendre le port de Metz commerçant, de développer tous les genres d'industries, enfin, d'établir de bons instituteurs dans la partie allemande du département, où il voulait généraliser la langue française, qui n'y est pas encore assez répandue.

Mais une dernière partie vient de se jouer à Waterloo entre la France et l'Europe, et l'Europe à gagné. C'en est fait de l'Empire; l'ennemi s'avance de toutes parts ; les Russes sont déjà sous les murs de Metz. Ils bloquent la ville. A leur tête sont des généraux que M. Ladoucette a, dans un temps de paix, comblés de politesses. Ne pouvant le réduire par la force, ces généraux essaient de le gagner par des promesses. L'indignation et le mépris avec lesquels il rejette leurs propositions, les met dans une telle fureur, qu'impuissants à se venger sur sa personne, ils se vengent sur ses propriétés, qu'ils saccagent et qu'ils pillent autour de Metz et à Vieilles-Maisons (Aisne). Une levée en masse s'organise ; on va marcher sur Paris. Tout-à-coup la nouvelle se répand que le roi vient d'y rentrer. A cette nouvelle, toutes les passions fermentent ; des partisans de l'ancien régime poussent des cris de joie, et demandent qu'on ouvre les portes de la place aux Russes ; les soldats s'exaspèrent ; une lutte terrible est sur le point d'éclater entre les deux partis, le sang français va couler. Mais M. Ladoucette est à son poste : calme au milieu de l'effervescence générale, il comprime ou modère les esprits, maintient l'harmonie entre les différentes classes de la population, apaise les défiances, veille à tous les besoins du service, assure même sur ses appointements (dont une partie lui reste due) la solde, la nourriture des troupes ; et par sa fermeté et sa prudence, sans déchirements, sans effusion

de sang, amène le nouvel ordre de choses à la suite
d'une proclamation noble et digne. M. d'Alopëns,
gouverneur de la Lorraine et de la Champagne,
voulait l'envoyer en Sibérie, et ce n'est qu'à l'ex-
trême célérité avec laquelle il traversa les canton-
nements russes, qu'il dut d'échapper une seconde
fois à cet affreux exil.

La fidélité de M. le baron Ladoucette à la mémoire de l'Empereur, qu'il avait si loyalement servi
pendant douze années, ne se démentit pas un seul
instant. Nous insistons d'autant plus sur cet éloge,
que dans ces jours de honteuses palinodies et
d'apostasies sans pudeur, qui suivirent la seconde
restauration, bien peu surent le mériter, même de
ceux qui devaient tout à l'Empire, honneurs, rang,
fortune.

M. Ladoucette était de retour à Paris le 16 août
1825, et aussitôt son arrivé, il eut un entretien avec
le ministre de l'intérieur. Juste appréciateur des
grands et nombreux services qu'il avait rendus à la
chose publique, le ministre, après l'avoir vivement
félicité sur la belle conduite qu'il avait tenue à
Metz, lui parla de récompenses; mais, décidé à rester étranger à un gouvernement qui n'avait point
ses sympathies, et ne voulant donner à personne
le droit de suspecter la pureté des intentions pa-
triotiques qui l'animaient, il refusa toutes les offres

qui lui furent faites. Il résista peu de temps après aux instances du Préfet de Versailles, à qui on avait laissé le libre choix de son successeur, et qui le pressait d'accepter son héritage ; et ce ne fut pas moins inutilement que, dans les années suivantes, des personnes en haute faveur et deux ministres de l'intérieur essayèrent de l'arracher à la vie retirée et studieuse qu'il menait depuis son éloignement des affaires. A toutes leurs propositions, si brillantes qu'elles fusent et si honorables, sa réponse fut la même, un remerciement et un refus.

Après dix-neuf années pendant lesquelles les lettres, les sciences, les arts occupèrent tous ses loisirs, et qui furent peut-être les plus heureuses de sa vie, M. Ladoucette reparut sur la scène politique, non plus comme administrateur cette fois, mais comme député. En 1854, l'arrondissement de Briey (Moselle) l'appela à la tribune législative. Dès son début à la chambre et lors de la discussion qui, dans les bureaux, précéda l'adresse de cette même année, il posa les principes de notre politique générale, intérieure et extérieure, d'après les opinions de son collége électoral, et sa parole nette et précise commanda tout d'abord l'attention.

Ses connaissances administratives ont souvent éclairé des délibérations d'un haut intérêt : de ce nombre sont celles qui concernaient les agents du

pouvoir , les attributions municipales, les chemins
vicinaux , la navigation, les chemins de fer , les
secrétaires généraux, les conseils de préfecture, les
biens communaux, le conseil d'État , à qui il vou-
drait voir confier la rédaction de tous les projets
de lois importantes , sauf les changements que
pourraient proposer les ministres. Nous rappelle-
rons encore ses discours sur les intérêts des dépar-
tements et des communes, et ceux relatifs au
défrichement des forêts, réclamé avec tant d'insis-
tance plusieurs années de suite, toujours combattu
par lui comme une calamité publique, et rejeté
ensuite à une imposante majorité. Ces discours et
ses rapports sur les affaires d'Haïti ont été traduits
en plusieurs langues.

M. Ladoucette a été nommé rapporteur de plusieurs commissions ; d'autres l'ont souvent appelé
à l'honneur de la présidence, qu'il a aussi obtenue
à diverses reprises dans les bureaux.

Fidèle aux principes de toute sa vie, n'appartenant à aucun parti , il a montré dans toutes les
occasions une entière indépendance; et l'on ne peut
en être surpris, quand on sait qu'en arrivant à la
chambre, il a pris l'engagement de n'accepter aucune
fonction salariée, se réservant ainsi le droit et le pouvoir de dire toutes les vérités qu'il jugerait utiles, et
de ne voter jamais que d'après sa conscience.

Si nous envisageons maintenant M. le baron Ladoucette comme érudit et comme littérateur, nous dirons que ses nombreux écrits, tous marqués au coin d'un goût sûr et exercé, se distinguent par un style clair, abondant, facile, toujours approprié au sujet qu'il traite, et dont la sévère correction n'exclut ni l'élégance ni la grâce.

Sans parler des notices biographiques qu'il a publiées sur quelques-uns des hommes illustres que la France a vus naître, et d'un grand nombre d'articles de science et de littérature dont il a enrichi les *Mémoires de la Société royale des Antiquaires de France*, ceux d'une foule d'autres sociétés académiques, plusieurs de nos revues les plus estimées, le livre des *Cent-Un,* etc., etc., nous citerons de cet écrivain :

1° *Helvétius à Voré*, comédie historique en un acte et en prose, représentée pour la première fois sur le théâtre de Molière, le 19 messidor an v. Cette pièce, qui a eu trois éditions et qui a été souvent représentée en France et à l'étranger, a été jouée sur les lieux mêmes de la scène, par un petit fils et une petite fille d'Helvétius et les descendants des divers personnages.

2° *Philoctès*, imité de l'Agathou de Wieland, 2 vol. in-8. M. Ladoucette dédia cette traduction libre à l'auteur allemand, qui dit à ce sujet : « Je n'aurais pas fait mon livre autrement, si je l'avais écrit pour des français. » — Trois éditions.

3° *Voyage entre Meuse et Rhin,* un vol. in-8. — Après l'apparition de cet ouvrage, qui ne portait pas de nom d'auteur, les journaux allemands déclarèrent qu'il ne pouvait avoir été écrit que par M. Ladoucette, et ils en recommandèrent la lecture aux employés de leur gouvernement.

4° *Topographie, histoire, usages, dialectes des Hautes-Alpes,* un gros vol. in-8. La première édition de cet intéressant ouvrage était depuis longtemps épuisée; une seconde, bien supérieure sous tous les rapports, et ornée d'un atlas, a obtenu le plus grand succès.

5° *Le Troubadour,* ou *Guillaume et Marguerite,* 1 vol. in-8., deuxième édition, 1842. Ce livre offre une peinture animée des mœurs de la Provence au xiie siècle, et la description des principales antiquités qni en couvrent le sol.

6° *Robert et Léontine, histoire du* xvie *siècle,* 2 vol. in-8°.— Ce roman, qui renferme des situations attachantes, des détails curieux, une érudition instructive, fait passer sous nos yeux les hommes et les choses qui couvraient, il y a trois cents ans, le pays qui depuis a formé le département

de la Moselle. Nous ne doutons pas que la nouvelle
édition que l'auteur prépare de cet ouvrage, ne
soit très favorablement accueillie du public.

7° *Nouvelles, contes, apologues et mélanges.* 5 vol.
in-12. — Une originalité toujours réglée par le
goût, répand beaucoup de charme sur ce recueil,
dont tous les journaux ont fait l'éloge.

8° *Fables en vers,* 1 vol. in-8°, 1842.—On trouve
dans ces fables, du naturel sans trivialité, de l'es-
prit sans prétention, une peinture fidèle des mœurs
des animaux, une morale pure, une douce phi-
losophie. En voici une qui nous semble un modèle
de grâce et de concision.

Ne va pas te mirer, imprudente alouette,
Crains le double filet du perfide oiseleur.
Les conseils d'un miroir trompeur,
Ont perdu plus d'une coquette.

Un grand nombre d'académies, nationales et
étrangères, se font honneur de compter M. Ladoucette parmi leurs membres.

C'est à lui qu'on doit l'exhumation de la ville
Romaine de *Mons-Seleucus,* près de Labatie-Mont-Sa-
léon (Hautes-Alpes). Des fouilles heureuses y furent
exécutées sous la direction de feu M. Duvivier,
depuis conseiller de préfecture dans les Ardennes.

Ces travaux méritèrent de fixer l'attention de Napoléon et de Joséphine, qui tous deux avaient promis des fonds considérables pour en assurer la continuation. Une intéressante notice sur ces fouilles a été lue dans le temps à l'Institut, par M. Ladoucette.

Résumons-nous : S'il y a eu dans ces quarante dernières années beaucoup d'existences plus glorieuses (et disons-le, glorieuses ici, sous notre plume, est le plus souvent synonyme de bruyantes), nous n'en sachions aucune qui ait été plus honorable et mieux remplie que celle de M. le baron Ladoucette.

Homme d'un commerce sûr, agréable, affectueux, entouré de l'estime et de la considération générale, M. Ladoucette est depuis longtemps en possession, tant en France qu'à l'étranger, de la sympathie et de l'amitié d'un grand nombre de personnages éminents dans la politique, l'administration, la magistrature, l'armée, la littérature et les arts; et ceux qui le connaissent savent que cette considération, cette sympathie, cette amitié, si justement acquises, sont pour son cœur la plus précieuse des récompenses , et la plus capable de flatter son noble caractère.

A. D.